THE HISTORY OF THE EXPERT

聖人養成記

歷代賢哲的超群絕倫

韓明輝 著

目錄
CONTENTS

目錄
CONTENTS

酒聖杜康

美酒雖好，切莫貪杯

在古代，很多英雄豪傑、文人雅士特別喜歡喝酒，例如「青梅煮酒論英雄」的曹操、「斗酒詩百篇」的李白、「把酒問青天」的蘇軾，以及「又摘桃花換酒錢」的唐伯虎。

但你知道酒是誰發明的嗎？雖然目前仍有爭議，但普遍認為是「酒聖」杜康發明的。

據說，杜康就是夏朝第六代國君少康。

少康的叔祖父太康做國君時，整天就知道聽音樂、看歌舞、談戀愛，結果被東夷的首領后羿搶了國君之位，史稱「太康失國」。

小知識

相信大家對「后羿」這個名字不陌生，有一個與他相關的神話可謂婦孺皆知，就是「后羿射日」。傳說以前天上有十個太陽，烤得老百姓無法生活，神射手后羿便拿起箭射下來九個。相傳，嫦娥是后羿的老婆。那麼，嫦娥為何會和后羿分居跑到月亮上呢？因為她偷吃了西王母賜給后羿的長生不老藥，然後不由自主地飛到月亮上，這就是「嫦娥奔月」的故事。

后羿特別喜歡打獵，卻十分討厭工作，所以把國家大事全權交給心腹寒浞處理。

　　豈料寒浞是個忘恩負義之人，趁后羿不備把他殺了，然後搶了他的國君之位。

寒浞雖然做了國君，卻總擔心夏朝會復辟，所以一心要消滅夏朝的殘餘勢力，少康的父親姒相就是在這個時候被寒浞殺害。

斬草須除根，
殺敵須滅門！

是個狠人！

姒相被殺時，他老婆后緡正懷有身孕。幸運的是，她成功躲過寒浞的追殺，並逃回娘家有仍氏的地盤，還順利生下了少康。

夏朝能不能復國，
全指望你了！

少康長大後，做了有仍氏的牧場管理員。

在此期間，少康曾將吃不完的剩飯藏在空心的桑樹中。過了一段時間，當他來取時卻發現經過發酵後的剩飯醇香四溢。

受此啟發，少康一不小心發明出用糧食釀酒的辦法。相傳他是中國歷史上第一個發明酒的人，因此被稱為「酒聖」。

酒是糧食精，愈喝愈年輕！

不過，小酒怡情，大酒傷身！

需要特別注意的是，青少年不能飲酒，會影響神經系統發育、胃腸健康和肝功能等！

小知識

少康，也就是杜康，發明酒後，「杜康」這個名字漸漸成為酒的代名詞。在古代，很多明星大腕寫過關於「杜康酒」的詩句，例如曹操的「何以解憂，唯有杜康」，白居易的「杜康能散悶，萱草解忘憂」。

寒浞的兒子澆聽說姒相有個兒子還活著，便派人去殺他。少康聽到風聲，立刻逃到有虞氏的地盤。

三十六計，
走為上計！

有虞氏的首領非常器重少康，不但把自己的兩個寶貝女兒嫁給他，還給他一塊封地。

助人為樂是
一種美德！

甭客氣😊

雖然少康的封地僅有十里，人口只有五百，但這不影響他實施復國計畫的決心。

不畏艱難，
勇往直前！

　　為了復國，少康做了兩手準備：
　　一、召集夏朝的舊部，增強自己的實力。同時，大量收買人心。

只要人心齊，
泰山都能移！

泰山

二、派遣兩名美女間諜分別禍害澆和他的弟弟，從而砍掉寒浞的左膀右臂。

在少康的謀劃下，寒浞和他的兩個兒子一併被殺。隨後，少康順利復國，史稱「少康中興」。

2

至聖孔子——

沒有教不好的學生，
只有不會教的老師

春秋戰國時期，百家爭鳴，有很多思想學術流派走紅，例如道家、墨家、法家、儒家、縱橫家、陰陽家、小說家。

百家爭鳴，沒我不行！

行俠仗義，墨家第一！

然而，在諸子百家中能成為二千多年來中國封建文化主流思想的僅有一家，那就是儒家。

儒家學派真是好，萬千儒生全是寶！

你知道儒家學派的創始人是誰嗎？他就是被列為「世界十大文化名人」之首，堪稱「萬世師表」的「至聖」孔子。

什麼是「至聖」呢？就是聖人中最強的聖人。

世界第一，無人能及！

今天，我們就來看一看孔子的一生都經歷了什麼。

一、聖人降生

孔子的爸爸名紇，字叔梁，大夥都習慣性地稱他「叔梁紇」。

叔梁紇的祖先是宋國國君的後裔，後來，宋國發生內亂，叔梁紇的祖先為了避難而移民魯國。

綠卡在手，說走就走！

叔梁紇是魯國的勇士，且做過基層幹部。他娶了兩個老婆，小日子過得還算滋潤。

老婆娶得好，生活沒煩惱！

然而到了晚年，叔梁紇卻一直悶悶不樂。為什麼呢？因為他沒有繼承人。

至今沒有繼承人，教我如何不鬱悶！

小知識

叔梁紇並非沒有孩子，大老婆為他生了九個女兒，小妾為他生了一個跛腳的兒子。但按當時的禮法制度，女兒和跛腳的兒子不能做繼承人。

為了擁有一個四肢健全的兒子，叔梁紇決定再娶一個老婆。娶誰呢？叔梁紇相中了顏大叔家的「三朵金花」。

叔梁紇這時已經是個糟老頭，顏大叔捨得把自家的「三朵金花」嫁給叔梁紇嗎？捨得！

當叔梁紇向他提親時，他對自己的三個黃花大閨女說──

大女兒和二女兒都喜歡小鮮肉，所以都不出聲，唯獨不挑食的小女兒顏徵在站了出來，並對爸爸說——

不久，顏徵在便嫁給了叔梁紇。顏徵在擔心老公年紀大，「造人」速度跟不上，便跑到尼丘山向神明祈禱。

沒過多久，顏徵在便如願以償地懷孕並生下一個健康的小胖子，而這個小胖子就是孔子。

小知識

眾所周知，孔子名「丘」，字「仲尼」，但你知道孔子的名與字是怎麼來的嗎？就是因為孔子是他媽媽在尼丘山祈禱所得，因此他的名和字中帶有尼、丘二字。在古代，兄弟排行的次序依次是伯、仲、叔、季。由於孔子在兄弟中排行老二，所以又在「尼」字前加「仲」字，就變成「仲尼」。不過，也有另一種說法，因為孔子出生時頭頂凹陷如山丘一般，所以才取名「丘」。

求子得子，人生一大美事！

值得慶幸的是，叔梁紇終於有了繼承人。但不幸的是，到了孔子三歲時，叔梁紇便去世了。

爸爸去世後，孔子與媽媽相依為命，日子過得十分清貧。
長大後，孔子做過很多工作，例如倉庫管理員、牧場管理員。

孔子也曾去國外打工，但一連去了五個國家，還是沒有找到一份滿意的工作，最後只好灰溜溜地回國了。

打工、打工，到頭來還是兩手空空！

回國沒事做，打小就喜歡禮儀的孔子決定到東周學習。

當時，老子正擔任周王室的圖書館管理員。據說，孔子曾去拜訪老子並向他學習禮儀。

別告訴我你這是在不恥下問！

你猜！

等到孔子即將回國時，老子曾親自為他送行，並交代他說——

聰明人更愛作死，是因為他們愛談論別人；學識淵博、能言善辯的人更容易引火焚身，是因為他們喜歡揭露別人的醜惡；做子女的要忘記自己，心繫父母；做臣子的要忘記自己，心存國君！切記切記！

聽君一席話，勝讀十年書！

回國後，孔子決定大力發展教育事業，於是開始辦學、招生。

沒有教不好的學生，只有不會教的老師！

據說，孔子一生招收過三千名學生。其中，有七十二人成為賢人，就是「孔門七十二賢」，例如顏回、子路、子貢、冉求、宰予、曾參。

　　孔子的學生和學生的學生，還曾將孔子與他學生的一言一行記錄下來，編成一本書，就是至今在中國乃至國際上都十分暢銷的《論語》。

二、威震齊國

　　孔子三十歲那年，齊國君主齊景公曾到魯國參觀考察。

　　當時，齊景公有做霸主的野心，便問孔子一個問題，而孔子的回答讓他十分滿意。

秦國雖然小，但志向遠大；雖然偏僻，但施政恰當。而秦穆公又知人善任，用五張黑羊皮贖回百里奚，又毫不猶豫地把秦國大權交給他。從這點來說，秦穆公即便稱王也不為過，稱霸還委屈他了！

秦穆公執政時，秦國又小又偏僻，但秦穆公為何能稱霸呢？

幾年後，魯國發生內亂，孔子被迫移居齊國。

有一天，齊景公詢問孔子如何治理國家，孔子的回答仍舊讓他十分滿意。

國君要有國君的樣子，臣子要有臣子的樣子，父親要有父親的樣子，兒子要有兒子的樣子！

說得太棒了！要是國君不像國君，臣子不像臣子，父親不像父親，兒子不像兒子，即便倉庫裡有再多糧食，恐怕我也吃不上！

不管齊景公問什麼，孔子都能回答得讓他十分滿意。齊景公便想分封一塊地盤給孔子，沒想到卻被齊國大臣晏子破壞了。

儒生油嘴滑舌，只會糊弄。他們自以為是，誰也 hold 不住。他們重視喪葬，甚至不惜傾家蕩產，不能讓這種做法成為風俗。他們四處遊說，乞求做官，更不能讓他們治理國家！

周王室大不如從前，禮壞樂崩也有很多年了。孔子卻講究繁文縟節，這些幾代人也學不完，搞不明白。如果你想用這套玩意改變齊國的風俗，恐怕沒戲！

聽完晏子的話後，齊景公不但改變主意，還開始疏遠孔子。

　　不久，孔子聽說有人想害他，再加上得不到齊景公的重用，便離開齊國，回到魯國。

　　讓孔子沒有想到的是，這次回國讓他迎來了一生中的輝煌時刻，甚至一度被提拔為代理相國。

孔子受到魯國重用，卻意外把齊景公與齊國大臣嚇到閃尿。

　　話說，齊景公與齊國大臣為何會害怕呢？因為齊國與魯國是鄰居，一旦魯國變強大，就會對齊國產生威脅。

此刻的我，
害怕極了！

　　為了增進鄰里關係，齊景公便邀請魯國國君魯定公到齊國見個面。

鄰居關係處得
好，居家生活
沒煩惱！

鄰居關係處得
差，日日夜夜
掉頭髮！

魯定公欣然接受齊景公的邀請，並打算輕裝前往。但在他即將動身之際，卻被孔子攔住了。

做文事要有武裝準備，做武事要做好與文事相關的準備，諸侯出國一定要帶上文武官員一同前往！

你說的很有道理！

齊景公與魯定公見面後，雙方進行了親切交談，且就加強齊、魯兩國的戰略協作達成重要共識。

互不侵犯！

合作共贏！

然而，誰都沒有想到，接下來齊國歌舞團表演的一段舞蹈卻惹惱了孔子。

小知識

齊國歌舞團表演的是夷狄的舞蹈，夷狄在當時就是粗魯、沒文化的代名詞，他們的舞蹈像跳大神似的。

你們是在尬舞呢？

看不下去的孔子一個箭步衝上舞臺，將齊國歌舞團的團長責備一番。

團長很尷尬，只好讓舞蹈演員退下，但舞蹈演員沒理睬他，而是齊齊地看向齊景公與晏子，就等著看他們如何表態。齊景公很尷尬，便揮揮手，讓他們退下。

隨後，團長又換了個節目，讓一群身材矮小的侏儒表演歌舞。看上去如同群魔亂舞一般，這下，孔子更加氣憤了。

這幫膽敢迷惑諸侯的人，應當全部處死！

團長理屈，只好照辦，將侏儒們全部腰斬。

這一次，齊景公羞得恨不得找個老鼠洞鑽進去。一回國，齊景公便將大臣們臭罵一頓。

魯國的大臣用君子之道來輔佐他們的國君，而你們卻用夷狄的辦法來輔佐我，還害得我得罪魯國！

老大消消氣，氣出病來無人替！

為了向魯國賠罪，齊景公把以前搶占魯國的地盤還給魯定公。從此以後，魯定公便更加器重孔子了。

幹得漂亮，真給我長臉！

三、遠走他國

五十六歲那年，孔子再次做了魯國的代理相國，喜悅之情溢於言表。一位學生誤以為孔子膨脹了，十分不悅地對孔子說——

人們常說「君子大禍臨頭時毫不畏懼，大福到來時不喜形於色」。先生，你膨脹了！

你難道沒聽說過「君子有了高位可以以禮賢下士為樂」嗎？

三個月後，魯國在孔子的治理下，商人不坑顧客，男女不鬼混，路人撿到東西立刻交給警察叔叔。

必須為你點讚！

魯國逐漸變強大，再次引起齊景公的擔憂。

魯國讓孔子執政，遲早會稱霸。魯國一旦稱霸，首先就會吞併齊國，不如我們提前割讓一些土地給魯國，以便和魯國搞好關係！

我們可以先試著阻止魯國稱霸，如果行不通，再送土地也不遲嘛！

如何才能阻止魯國稱霸呢？最好的辦法就是送美女給魯國的當權者，讓他們沉浸在溫柔鄉中，無心處理朝政。

於是，齊景公挑選了八十個大美女，將她們調教一番後，與一百二十匹寶馬一併送到魯國。

到達魯國後，齊國人將美女和寶馬安置在魯國都城外。

當時，魯國的大權都在卿大夫季桓子手裡。季桓子聽說齊國送來很多美女和寶馬，不但自己偷偷跑去看，還帶著魯定公跑去看。

齊國的美女讓人
看了流口水！

是啊是啊，英雄
難過美人關！

孔子的學生見季桓子與魯定公都想接受齊國的禮物，便勸孔子離開魯國，但孔子還不想走，想再給魯國一次機會。

馬上就要祭天了，如果季桓子能按照禮法把祭肉分給大夫們，我們還可以留下！

先生恐怕會失望的！

最終，季桓子還是接受了齊國的禮物，且一連三天不處理國政。與此同時，祭天後，大夫們沒有分到祭肉。

孔子失望透頂，才下定決心離開魯國。

走吧，走吧，人生難免經歷苦痛掙扎！

離開前，魯國大夫師己親自為孔子送行。師己問孔子為何要離開，孔子為他唱了一首即興創作的歌曲。

那些美女的口，可以把大臣和親信趕走。接近那些美女，可以使人國破身亡！

你可以參加《魯國好聲音》了！

　　師己回去後，季桓子問他孔子走時說了什麼，師己如實相告，季桓子長嘆一聲——

先生是在責怪我接受齊國的那些美女啊！

沒錯！小心紅顏禍水！

至此，齊國不但阻止魯國稱霸，還意外「趕走」了孔子，真可謂是「一石二鳥」。

這結局，太完美了！

四、周遊列國

離開魯國後，孔子開始帶著他的學生周遊列國，並向各國諸侯推行自己的政治主張：德治和仁政。

然而，他周遊列國的情形卻可以用四個字來形容，就是「人在囧途」。

漫漫人生路，何處是歸宿？

孔子周遊列國的第一站是衛國。

衛國國君衛靈公十分欣賞孔子，且給予他在魯國同樣的待遇。

可惜衛靈公是個聽風就是雨的人，有人在背後嚼舌根，他便對孔子產生猜忌，還派人二十四小時監視孔子。

孔子擔心哪天會飛來橫禍，在衛國僅待十個月便離開了。

孔子原本計畫第二站去陳國，但途經衛國的匡邑時碰到一起烏龍事件。

小知識

這起烏龍事件是由孔子學生的一句話引起的。進入匡邑時，這名學生指著城牆的一個缺口說：「我以前就是從那個缺口進城的！」就因為這句話，匡人誤將孔子當成曾經攻打過匡邑的魯國大臣，然後扣留了孔子。

匡人對孔子看管得愈來愈嚴，學生們都十分害怕，孔子安慰他們——

周文王死後，我不就成了禮樂制度的唯一繼承人嗎？上天如果真想讓禮樂制度斷絕，就不會讓我學到這些東西。如果上天不想讓禮樂制度斷絕，匡人又能把我怎麼樣呢？

我看你是死鴨子——嘴硬！

孔子的學生各個有才，為了擺脫困境，孔子隨便派了一名學生去替衛國的大臣打工，在這名學生的斡旋下，匡人很快便釋放了孔子。

淺水想困住巨龍，作夢！

然而，剛逃出衛國不久，不知為何孔子又折返回來。

有一次，孔子跟隨衛靈公與夫人乘坐跑車去逛街，孔子見衛靈公十分寵幸夫人，非常失望，並說──

我從來沒見過愛好道德像愛好女色一樣的人！

你永遠不會見到！

後來，孔子再次離開衛國，並遊歷了曹國、宋國、鄭國、陳國等。其間，曾有人想殺孔子，孔子也曾差點死於叛亂……對於這些經歷，就連孔子都承認自己像條喪家犬。

遊歷過無數國家，並屢屢遭受社會的毒打，孔子愈來愈希望能回到自己的國家。

有一年秋天，季桓子病重，坐著馬車巡視魯國的都城，一想到孔子，便十分感慨。

隨後，季桓子交代自己的繼承人季康子，等他接班做魯相，一定要召回孔子，讓孔子繼續為魯國服務。

　　然而，等到季康子做了魯相且準備召回孔子時，有個狗腿子卻對他說——

這該怎麼辦呢？

當初你爸就是因為沒有一直重用孔子而遭到諸侯嘲笑，如果你同樣無法一直重用孔子，也一定會遭到諸侯嘲笑！

可以召回孔子的學生冉求！

就這麼辦！

不久，冉求便被召回魯國。離開前，有個學生知道孔子也想回國，便交代冉求，讓他日後想方設法把孔子接回去。

後來，楚國國君楚昭王聽說孔子居住在陳國和蔡國的邊境上，便派人去聘請孔子。

陳國和蔡國的大臣與孔子三觀不合，由於擔心楚國重用孔子會給他們帶來危害，便派人將孔子圍困在野外，想活活餓死孔子。

你們這是在草菅人命！

我們幹的就是這種勾當！

盡管整天無米下鍋，也叫不到外賣，甚至有些學生已經被餓病，但孔子依然像個局外人似地照常彈琴、唱歌，為學生上課。有個叫子路的學生，十分不滿地問孔子——

君子難道也有走投無路的時候嗎？

當然！不過，君子到了走投無路時，仍然能夠堅守節操；而小人到了走投無路時，往往會不擇手段！

隨後，孔子反問子路：「《詩經》上說，『既不是犀牛，也不是老虎，卻整天在原野上徘徊』，難道是因為我的學說有問題嗎？我們為何會淪落到這般田地？」

也許是因為我們的德行還不夠，所以人家不相信我們；也許是因為我們的智謀還不夠，所以人家處處為難我們！

假使有德行的人必定能讓人信任，伯夷、叔齊又豈會餓死在首陽山上？假使有智謀的人能事事如意，王子比干又怎麼會被商紂王剖腹挖心？

隨後，孔子問了學生子貢同樣的問題。子貢回答說——

先生的理想太偉大了，天下都無法容納。先生難道就不能降低一下自己的追求嗎？

農夫擅於耕種，卻不能保證一定豐收。工匠雖然擁有精湛的手藝，卻不能保證讓每個人稱心如意。君子能盡力使自己的理想趨於完善，卻不能保證人人都能接受。如今你不設法提高自己，反而想透過降低自己的追求去獲取世人的接納，你的志向可不怎麼遠大啊！

緊接著，孔子又問了學生顏回同樣的問題，而顏回的回答卻讓孔子十分滿意。

先生的理想太偉大了，天下都無法容納。儘管如此，先生依然堅持推行自己的學說，不被天下接受又有什麼關係呢？不被接受才能彰顯先生做為君子的偉大。一個人的學說不完美是自己的恥辱；如果學說完美卻不被接受，那是當權者的恥辱！

顏家的小子，你可真會說啊！假如你是個富豪，我很樂意當你的管家！

為了擺脫困境，孔子便派子貢到楚國搬救兵。楚昭王聽說孔子有難，立刻派大軍前去救援。很快，孔子便成功脫險。

孔子一到楚國，楚昭王便想給他七百里封地，不過楚國令尹卻不贊同。

大王的使臣有像子貢一樣優秀的嗎？大王的輔臣有像顏回一樣厲害的嗎？大王的將帥有像子路一樣勇猛的嗎？大王管事的大臣有像宰予一樣能幹的嗎？

沒有！

想當年周文王、周武王只有上百里的土地，最終卻能統治天下。如果讓孔子擁有七百里封地，再加上有很多優秀的學生輔佐他，楚國以後還能保住幾千里的土地嗎？

一語驚醒夢中人！

經過令尹一番勸說，楚昭王最終打消分封孔子的念頭。

這一年秋天，楚昭王病逝了。不久，孔子外出，有個狂人故意走到他身邊並高唱道——

鳳凰啊鳳凰，你的美德為何如此不受重視？過去的事情已經無法挽回，未來的事情還來得及！算了吧，算了吧！今天的執政者都太危險了！

孔子一聽，知道狂人是提醒自己將會有危險。他本來想和狂人聊天，沒想到狂人一溜煙走開了。

這不是狂人，是好人啊！

很快，孔子便離開楚國。

這次，孔子決定再次前往衛國。當時，衛國國君換成衛出公。由於孔子的很多學生都在衛國做官，所以衛出公也想讓孔子輔佐他。

子路聽說後，便問孔子——

名不正則言不順，言不順事情就辦不成，事情辦不成，禮樂教化就無法興盛，禮樂教化不興盛，刑罰就無法很好地實施，刑罰無法很好地實施，老百姓就不知道什麼該做，什麼不該做！

先生，你也太迂腐了吧？名分有什麼好正的！

不久，冉求幫助季康子打敗強大的齊國。季康子很高興，便問冉求他的軍事才能是天生的，還是學來的。

冉求知道幫助先生回國的時機已經成熟，便告訴季康子，是孔子教的。季康子對孔子產生濃厚的興趣，便問冉求——

孔子是怎樣的一個人？

他做什麼事都講究名正言順，他的所作所為不管是講給老百姓聽，還是擺給鬼神看，都沒有欠缺。如果讓他像我一樣去打仗，即便封給他二萬五千戶，他也不會做的！

隨後，季康子便派人去衛國接孔子。

孔子聽說季康子要召他回國，非常高興，立刻馬不停蹄地回去了。

這一年孔子已經六十八歲了，他在外已經流浪了整整十四年。

五、聖人殞落

一回到魯國，魯國國君魯哀公與季康子紛紛向孔子詢問治理國家的辦法，孔子根據他們不同的地位給出不同的答案。

做為一名國君，關鍵在於如何選擇好大臣！

一語說中！

做為國家實際的掌權者，要提拔正直的人，拋棄邪惡的人，邪惡的人就會漸漸變成好人！

好有道理！

儘管孔子能堪大任，但掌權者終究還是沒有重用他。

　　此後，心灰意冷的孔子不再醉心於從政，而是將所有精力花在教育事業及整理《詩》、《書》、《禮》、《樂》等典籍上。

有一年春天，有人捕獲了一頭怪獸，孔子說是麒麟，還說——

黃河上再也不會出現神龍背著河圖出現的場景，洛水上再也不會出現神龜背著洛書出現的場景！我活不久了！我的主張到頭了！沒有人能了解我了！

我不怨天尤人，下學人事，上通天理，能了解我的，只有上天了！

為何沒有人了解你呢？

孔子擔心死後自己的主張不能推行，無法給後人做出貢獻，便根據魯國的史書修訂了《春秋》一書。

小知識

在《春秋》中，孔子尊奉周天子為正統，並借鑑商代的舊制度，繼承夏、商、周三代的法統。例如，吳、楚兩國國君雖然自立為王，但《春秋》中卻貶稱他們為子爵。踐土之盟是晉文公召周天子去的，而《春秋》卻避諱地說周天子是去打獵的。孔子之所以會這樣寫，是為了讓後代國君加以宣導推廣這種主張，使《春秋》的義法通行，那樣天下的亂臣賊子就會感到恐懼。這種寫作手法也被稱為「春秋筆法」。

後人了解我是因為《春秋》，怪罪我也將因為《春秋》！

有一天，孔子生病了，子貢拿著康乃馨去探望他。孔子不但責備子貢來得晚，還悲傷地唱道——

泰山要倒塌了！
梁柱要折斷了！
哲人要死了！

孔子一邊唱，一邊淚如雨下。隨後，他又悲傷地對子貢說——

天下無道已經很多年了，沒有人支持我的主張。夏人死了，棺木停放在東邊的臺階上，周人死了，棺木停放在西邊的臺階上，商人死了，棺木停放在廳堂的兩根柱子之間。昨晚我夢見自己在兩根柱子中間受人祭奠，我本來就是商人的後代，看來我命不久矣！

七天後，孔子便去世了，享年七十三歲。

誰能告訴我，為何很多大人物都是生前困頓、死後才榮耀呢？

3

商聖范蠡

有錢人的快樂，你想像不到

春秋時期，有一個強者，他的政治頭腦能輔佐帝王稱霸，他的商業頭腦能讓他成為億萬富豪。你知道這個擁有「雙強大腦」的強者是誰嗎？就是「商聖」范蠡。

人要是行，幹一行，行一行。一行行，行行行；要是不行，幹一行，不行一行。一行不行，行行不行。

范蠡的一生先後扮演了兩個角色：第一個是謀士，第二個才是商聖。

一人分飾兩角，輕鬆實現人生跨越！

范蠡究竟是如何成功扮演這兩個角色的呢？我們一個一個地說。

第一個角色：「謀士」范蠡

　　最初，范蠡是以謀士的身分出道。當時，他的工作是幫助越王句踐想點子，擺平一切句踐擺不平的事。

然而，非常考驗范蠡業務能力的是，句踐剛即位就惹上事了。

小知識

句踐惹上什麼事呢？原來，越國和吳國既是鄰居，又是萬年死敵。吳王闔閭聽說句踐他爸去世了，以為剛即位的句踐好欺負，便趁機攻打越國。

為了對付吳國，句踐也是滿絕的。他派一支敢死隊向吳軍挑戰，當敢死隊衝到吳軍陣前時，高呼數聲，然後全部自刎。

我長這麼大，還沒見過一上來就先扳倒自己的對手！

吳軍哪見過這種場面，各個驚得目瞪口呆。

越軍趁吳軍一臉迷惑之際，抄傢伙衝了上去，結果殺得吳軍大敗而逃，闔閭也因為重傷身亡。

便宜沒占成，還丟了性命！

活該！

闔閭去世後，兒子夫差即位。夫差一即位，便沒日沒夜地訓練軍隊，為的是有朝一日能替老爸報仇。

句踐聽說夫差作夢都想報仇，便想先發制人，但范蠡卻不贊同。然而，一意孤行的句踐沒有聽從范蠡的勸諫，仍堅持率軍攻打吳國。

句踐親自披掛上陣，本以為能打趴吳軍，豈料不但大敗，還被吳軍圍困在會稽山上。

不幸被你的烏鴉嘴說中了！

在走投無路之際，句踐只好向范蠡詢問對策。

由於沒有聽從你的勸告，才會淪落到今天這種地步，現在我該怎麼辦呢？

先給夫差送禮，如果他不答應講和，你就去吳國當他的奴隸，讓你老婆當他的婢女！

句踐聽從范蠡的建議，派心腹大臣文種向吳國求和，但沒有成功。句踐很絕望，決定殺掉妻兒，燒掉金銀珠寶，與吳國決一死戰。就在這時，文種攔住句踐，並為句踐獻上一計。

夫差的寵臣伯嚭是個貪財好色之徒，只要搞定他，我們就能脫困！

不妨一試！

　　果然，伯嚭收了句踐的禮物後，替句踐在夫差面前美言了幾句。夫差頓時忘記殺父之仇，放了句踐一馬。

今天我可以放你一馬，明天我也可以放你一馬，但你別把我當成放馬的了！

豈敢！豈敢！

據說，夫差放過句踐後，句踐曾到吳國當夫差的奴隸，他老婆曾當過夫差的婢女。事實上，這是誤傳。

夫差撤兵回國後，句踐便回到越國。真正去吳國做人質的是范蠡與大夫柘稽，兩人在吳國做了兩年的人質後才回到越國。

不信謠，
不傳謠，
不造謠！

為了一雪會稽山之恥，句踐臥薪嘗膽，花了二十餘年使越國一躍成為一流強國。等到時機成熟，句踐再次發兵攻打吳國。這次，他反倒將夫差圍困在姑蘇山上。

風水輪流轉，
今日到我家！

真是悲哀啊！

夫差希望句踐能像自己當年放過他一樣，放自己一馬，於是派人低三下四地向句踐求和。

句踐本來想答應，但范蠡不贊同。

當初上天把越國賜給吳國，是吳國自己不要的！如今，上天把吳國賜給越國，我們怎能違背天意呢？再說了，你臥薪嘗膽這麼多年，不就是為了滅掉吳國嗎？

有道理！

句踐雖然鐵了心要滅掉吳國，卻不想對夫差趕盡殺絕，想給他一小塊封地，讓一百戶人家供養他。不過，卻被夫差拒絕。不久，夫差自殺殉國。

　　夫差死後，句踐還殺了當初曾幫助過他的吳國大臣伯嚭。

句踐滅掉吳國後，從此稱霸列國，成為春秋時期最後一位霸主。范蠡則因為輔佐句踐滅吳有功而被封為上將軍，此時，他在越國可謂是一人之下、萬人之上。

為我們今天做出的輝煌成績乾杯！

今晚不醉不歸！

然而，就在功成名就之時，范蠡卻做了一個讓所有人吃驚的決定：離開越國。話說，他為何要離開越國呢？因為他認為句踐是一個可以共患難卻不可以共享樂的人。

句踐長脖子，嘴巴尖如鳥嘴，長得像個鳥人似的，一看就是個過河拆橋的傢伙！

鳥人
↓

離開越國時，聰明的范蠡沒有當面向句踐辭行，因為他知道句踐肯定不會放他走，所以選擇寫信向句踐辭行。

　　在信中，范蠡對句踐說——

俗話說，君主憂慮，臣子要立刻效勞；君主受辱，臣子要以死報效。當初大王在會稽山受辱，我之所以沒死，是為了幫助大王報仇雪恨。如今大王大仇得報，請大王懲罰我當初在會稽山使大王受辱之罪，判我死刑！

你怎麼會有罪呢？我還打算和你共同分享越國呢！如果你不答應，我就懲罰你！

　　離開越國後，范蠡還寫了封信給文種，勸他早日離開句踐，不然會死得很慘。

為了保命，文種天天請病假不去上班。儘管如此，他仍然沒有逃過句踐的毒手。有一天，句踐對他說——

你曾教我攻打吳國的七種計策，我只用了三種便滅掉了吳國，還有四種沒用到，你帶到陰曹地府幫我爸爸試試吧！

你說的是人話嗎？

隨後，文種便被迫自殺了。

卑鄙小人，我做鬼也不會放過你！

我好怕怕！

第二個角色：「商聖」范蠡

　　離開越國後，范蠡改名換姓跑到齊國。在齊國，他不再從政，而是選擇下海經商。

　　做為商業天才，范蠡很快便成為千萬富翁。

齊國人見范蠡很有才，便讓他做了齊相。

是金子到哪兒都會發光！

范蠡認為，經商能成富豪，做官能成相國，絕對是一個平民老百姓的人生巔峰，長久享受這種榮譽遲早會出事。

於是，他辭去相位，並把自己掙的大部分錢分給親朋好友，只帶了少部分金銀珠寶離開齊國。

換個地方，從頭再來！

這次，范蠡選擇移居宋國的陶地。

范蠡為何會看中陶地呢？因為他認為陶地是天下的中心，交通便利，有助於做生意。

我的選擇是不會錯的！

在陶地，范蠡自稱「陶朱公」，又開始他的經商之路。他採用賤買貴賣、薄利多銷等辦法，很快便成為億萬富翁。

由於范蠡創造中國歷史上最早的商業傳奇，因此被譽為「商聖」。

要想賺大錢，敢為天下先！

敢為天下先

在事業上，范蠡可以說是世間少有的成功人士，但在教育兒子上，他卻是一個失敗者。失敗到什麼程度呢？他竟然教育出一個殺人犯。

兒子沒有教育好，都是我這個做爸爸的責任！

殺人的是范蠡的二兒子，且被囚禁在楚國。當范蠡聽到消息後，十分痛心，並說——

殺人償命，天經地義！但我聽說家有千金的富二代不應該被處死在鬧市上！

范蠡本來打算讓小兒子攜帶一千鎰黃金到楚國試一試能否救出二兒子，但大兒子卻很不高興。

我是長子，二弟犯罪，老爸不派我去，卻派小弟去，這不是認為我無能嘛！

救人這事，我還真不看好你！

大兒子羞愧得想要自殺，他媽連忙攔住他，並勸范蠡說——

派小兒子去也未必能救出二兒子，難道你還想失去大兒子嗎？

你們母子真是胡攪蠻纏！

范蠡很無奈，只好改派大兒子去。他很不放心，還寫了一封信給老朋友莊生，並讓大兒子捎去。

出發前，范蠡反覆叮囑大兒子說——

到了楚國，把黃金送給莊生，聽憑他處置，不要和他發生任何爭執！

謹遵父命！

為了救出弟弟，大兒子又私自攜帶了數百鎰黃金。

有錢能使鬼推磨！

到了楚國，范蠡的大兒子找到莊生時，卻發現他是個窮光蛋，和貧困戶沒什麼區別。不過，他依然按照爸爸的交代，將書信和一千鎰黃金全部送給莊生。

　　莊生收下黃金後，對他交代說——

趕快離開楚國，千萬不要停留！即便你弟弟被放出來，也不要過問原因！

小心好奇害死貓！

范蠡的大兒子不相信一個窮光蛋能救出弟弟，所以離開莊生家後，偷偷留在楚國，還用私自攜帶的黃金去賄賂楚國的貴族。

莊生靠不住，還得靠自己！

事實上，莊生雖然窮，卻廉潔正直，所以楚國人都非常尊敬他。

至於范蠡送給他的黃金，他不打算接受，而是想等事情辦成後物歸原主。他甚至還曾交代老婆──

這是陶朱公的黃金，萬一哪天我突然去世了，妳一定要物歸原主！

等找到合適的時機，莊生便進宮面見楚王，並糊弄他說——

天上的某個星星正處在某個位置，這種現象對楚國不利！

我該怎麼辦呢？

只有施恩於人才能消災弭禍！

我明白了！馬上大赦天下！

楚王一旦大赦天下，范蠡的二兒子自然會被釋放。

當初接受賄賂的那些楚國貴族聽到楚王即將大赦天下的風聲，連忙將消息告訴范蠡的大兒子。

范蠡的大兒子不知道楚王大赦天下是莊生的功勞，誤以為莊生什麼都沒做，卻白白得到一千鎰黃金，心裡很不爽，便決定到莊生家把黃金要回去。

當范蠡的大兒子再次來到莊生家時，莊生大吃一驚。

莊生心裡清楚，范蠡的大兒子哪裡是來告辭的，分明就是來要回黃金的，於是將黃金全部還給他。

就在范蠡的大兒子為拿回黃金歡呼雀躍時，莊生卻因為被他戲耍而感到羞恥。於是，莊生再次進宮面見楚王。

大王想大赦天下是為了消災弭禍，可我聽路人都議論說，陶朱公的兒子因殺人被囚禁在楚國，他家拿出很多黃金賄賂大王身邊的人，所以大王不是體恤楚國的百姓而實行大赦，而是為了陶朱公的兒子！

我雖然沒什麼德行，但怎麼會因為陶朱公的兒子而大赦天下呢！

隨後，楚王先殺掉陶朱公的兒子，然後才大赦天下。
最終，范蠡的大兒子只帶回了弟弟的屍體。

見到二兒子的屍體後，范蠡的老婆和鄰居們都十分悲痛，而范蠡卻平靜地說道——

我本來就知道他一定會害死弟弟！不是他不愛弟弟，只是不捨得花錢！他打小便跟我在一起，知道謀生艱難，所以看重錢財！

至於小兒子，一生下來看到的就是我的富有，他不知道錢是怎麼來的，所以花錢大手大腳！

我之所以想派小兒子去，就是因為他毫不吝嗇，而大兒子卻做不到，以致害死了弟弟！這是常理啊，沒什麼好悲傷的！

我本來就日日夜夜等著他把兒子的屍體運回來！

多年後，范蠡老死在陶地，世世代代都稱他「陶朱公」。

4

史聖司馬遷

槍桿子不可怕，筆桿子才可怕

你知道今天的人為何能夠知道幾百年前甚至幾千年前發生的事情嗎？那是因為幾乎歷朝歷代都有一批專門負責記載前代和當代歷史的史官。

在這些史官中，你知道誰的名氣最大嗎？當然是「史聖」司馬遷。

司馬遷年輕時是一名專業背包客，到過很多名勝古蹟打卡，例如，去九疑山看過舜的墳塋，去會稽山看過禹的墓穴，去齊魯大地領略過孔子的遺風。

後來，司馬遷進京做了個小官。其間，他曾被派往外地出差。也是在這一年，漢武帝決定到泰山舉行封禪大典。

所謂「封禪」，就是到泰山祭祀天地。之所以選擇泰山，是因為古人認為五嶽中泰山最高。帝王們之所以樂於舉行封禪大典，其實是為了告訴世人自己受命於天，同時向上天報告國家太平和自己的輝煌成就，答謝上天的護佑之功。在中國歷史上，雖然出現過四百多個皇帝，但舉行封禪大典的卻屈指可數。為什麼會這麼少呢？不是皇帝們不想舉行，而是因為只有建立過巨大功業的帝王才有臉舉行。

我罷黜百家，獨尊儒術，打趴匈奴，降服西域，開闢絲綢之路……就問你們我有沒有資格舉行封禪大典？

當時，司馬遷的爸爸司馬談正擔任太史令。他本該跟隨漢武帝一同前往泰山參加百年不遇的盛典，沒想到途中病重，滯留在洛陽。

> 我本一心參加盛典，奈何老天不遂人願！

無法參加封禪大典，註定要成為司馬談心中的一大遺憾。然而，更讓司馬談感到遺憾的是，他還沒有將明主賢君、忠臣義士的事蹟記錄下來，編撰成一部偉大的史書，卻要和這個世界說再見了。

> 我註定要死不瞑目了嗎？

就在這時，司馬遷恰巧出差歸來，並在洛陽見到了病重的爸爸。

司馬談眼含熱淚地握著兒子的手，叮囑他說 ——

我們的祖先本是周朝編寫史書的太史，後來雖然沒落了，但能讓祖業斷送在我手中嗎？等我死後，希望你能繼承我的事業，替我完成心願！

兒子一定銘記在心！

由於無法參加封禪大典，司馬談內心極度鬱悶，不久便去世了。

　　司馬談去世三年後，司馬遷做了太史令。一上任，他便大量研讀國家圖書館裡收藏的書籍，為撰寫一部偉大的史書做準備。

我爸曾說，周公死後五百年出了個孔子，孔子死後到現在又過了五百年，有誰能繼承並發揚古代聖人的事業，修正《易傳》，續寫《春秋》，依據《詩》、《書》、《禮》、《樂》的本質意義，寫一部新的著作呢？

我怎麼敢推辭呢？

有個叫壺遂的人聽說司馬遷打算撰寫一部偉大的史書，便十分不屑地對他說——

孔子生活的時代，上面沒有明君，下面的賢人也得不到重用，所以孔子才撰寫《春秋》，留下一部空洞的著作來裁斷禮義，當作帝王的法典。現在你上遇明君，下又得到任用，整個國家井井有條，你寫書想幹嘛呢？

你懂個屁！

司馬遷十分不贊同壺遂的觀點，於是反駁說──

我做為史官，如果撇開明君的功德不去記載，埋沒忠臣義士的功業不去論述，又違背爸爸的臨終遺言，我還算是個人嗎？

再說了，我不生產歷史，只是歷史的搬運工！我僅是記述歷史，整理歸納世代相傳的史料，你把它比作《春秋》就不對了！

好吧，是我錯了！

不久，司馬遷便開始動手撰寫史書，而這部史書就是我們今天所看到的《史記》。

不過，最初不叫《史記》，而叫《太史公書》，後來大家才稱它為《史記》。

然而，就在司馬遷撰寫《史記》的第七個年頭，他卻因為「飛將軍」李廣的孫子李陵投降匈奴一事而身陷囹圄。

當災難來臨時，我竟毫無還手之力！

這是怎麼一回事呢？原來，李陵率領五千漢軍進攻匈奴時遭到埋伏，被匈奴單于的八萬大軍包圍。

其間，李陵雖然率軍拚死作戰，殺傷匈奴一萬多人，但最終因為缺糧、缺箭，又沒有救兵，便向匈奴投降。

我也不想投降，但又能怎樣呢？

漢武帝聽說李陵投降匈奴後，龍顏大怒。群臣紛紛落井下石，唯獨司馬遷一人替李陵辯解。

李陵雖然戰敗，但殺傷敵人的戰績也足以傳揚天下。他之所以投降，八成是想尋找機會報效國家！

哼！鬼才信！

事實上，司馬遷與李陵雖然是同事，但兩人並無交情，那麼為何要替李陵辯解呢？因為司馬遷認為李陵既是個孝子，又是個愛國青年。

李陵有國士之風，一定不會背叛國家！

投降即背叛！

漢武帝誤以為司馬遷想詆毀李陵的上級長官，才替李陵說情，於是將他交給法官治罪，結果司馬遷被判處死刑。

如果司馬遷被殺，我們今天就不可能看到《史記》了。那麼，他為何沒有被處死呢？

司馬遷家窮得叮噹響，肯定拿不出鉅款去贖命。如果他想活命，只有一個選擇——接受宮刑。

要命，還是要命根子，這是個問題！

司馬遷認為宮刑是對人最大的侮辱，那麼為何還要選擇宮刑並屈辱地活下來呢？因為只有活著，他才能完成《史記》。

小知識

司馬遷認為，如果他伏法被殺，如同九頭牛身上掉下一根毛髮，與螻蟻沒有區別。與此同時，他想到很多心靈雞湯式的勵志故事。例如，西伯侯被拘禁而寫下《周易》，孔子受困而撰寫《春秋》，屈原被放逐而創作《離騷》，左丘明失去光明才完成《國語》，孫臏被挖去膝蓋而寫下《兵法》，呂不韋被貶才編撰《呂氏春秋》，韓非被囚而寫出《說難》、《孤憤》，《詩》三百篇大多都是文人們抒發悲憤之情而創作。這些故事更加堅定了司馬遷完成《史記》的決心。

據司馬遷透露，施行宮刑後的那段日子裡，他每天坐在家裡精神恍惚，好像丟掉了什麼，出個門也不知該往哪裡走。每當想到自己遭受的恥辱，脊背上的冷汗時常會打溼衣襟。

就是帶著這種巨大的屈辱和滿腔悲憤，司馬遷花費了十四年，終於完成中國歷史上第一部紀傳體通史《史記》。

爸爸，你可以瞑目了！

爸爸為你感到自豪！

司馬遷生前沒有將《史記》公之於眾，直到他死後，《史記》才在小圈子裡流傳。

　　多年後，在他外孫的大力宣傳下，《史記》得以廣為流傳。直到今天，《史記》依然是歷史愛好者的必讀之書。

5

醫聖張仲景
不聽醫生的話是要死人的

人吃五穀雜糧，沒有不生病的。可以說，醫學就是人類與疾病進行抗爭的過程中發展起來的。

　　古代的醫學水準特別落後，傷寒、重感冒這類小病都有可能要人命。

你知道為什麼古代的醫學水準這麼落後嗎？除了受到科技水準的影響，還有一個非常重要的原因，就是古代的讀書人只醉心於功名利祿，從來不拿學醫當回事。

然而，直到一個人的出現，才使得愈來愈多的人披上白大褂，成了白衣天使，而這個人就是出生於東漢末年的「醫聖」張仲景。

據說，張仲景擔任過長沙太守。那麼，他為何會棄官從醫呢？這還要從一場流行病說起。

這場流行病奪去無數生命！真是太可怕了！

當時，曹操、劉備、袁紹等人為了爭奪天下，整天互相傷害，致使全國屍橫遍野，疾病肆虐。

人固有一死，或死於戰爭，或死於疾病！

張仲景出生於一個擁有二百多口人的大家族，然而在不到十年的時間裡，這個大家族的成員因為感染傷寒差點死絕。

　　眼睜睜地看著親人一個個離世，家族漸漸沒落，張仲景悲痛萬分，才下定決心棄官從醫。

接下來的歲月裡，張仲景一心鑽研古人遺留下來的醫學著作，再結合自己多年來的行醫經驗，終於寫成對中國醫學史產生巨大影響的《傷寒雜病論》。

由於他對醫學做出巨大貢獻，所以被譽為「醫聖」。

謝謝您，張醫生，你還給無數患者一顆健康跳動的心！

話說，張仲景的醫術到底有多厲害呢？我們來看一看他如何為東漢建安年間文壇最紅的偶像天團「建安七子」中的王粲看病。

　　王粲二十多歲時，曾巧遇張仲景。張仲景看了他一眼，然後對他說——

王粲自認為身體沒毛病，所以沒把張仲景的話當回事。

三天後，當張仲景再次見到王粲，並問他是否按時服用五石湯時，王粲撒了個謊，說已服用了，但被張仲景一眼識破。

這次，王粲同樣沒把張仲景的話當回事。

二十年後，果然如張仲景所言，王粲的眉毛開始脫落，半年後便去世了。

不聽醫生的話，
果真會死人！

想必大家都吃過餃子吧？據說，餃子的發明也和張仲景有關。事情是這樣的：就在張仲景辭官返鄉的那年冬天，他看到家鄉的很多老百姓因為饑寒交迫而讓耳朵被凍傷。

好想給你們一人送一個保暖耳罩！

　　張仲景十分心疼大家，便研製出一種可以預防耳朵被凍傷的食療方子，名為「祛寒嬌耳湯」。

小知識

祛寒嬌耳湯是怎麼製作的呢？先將羊肉與一些祛寒的草藥放在鍋中煮熟，然後撈出來剁碎，再用麵皮將這些剁碎的食材包成耳朵的樣子。由於包好的東西既像耳朵，又能防止耳朵被凍傷，所以張仲景為它取名「嬌耳」。隨後，再把嬌耳放入原湯中煮熟，將嬌耳和原湯一起吃下，就能發揮預防耳朵被凍傷的效果。

在冬至那天，張仲景架起一口大鍋，熬製很多祛寒嬌耳湯，然後施捨給周邊的老百姓。

老百姓吃過祛寒嬌耳湯後，渾身暖和，耳朵生熱，所以耳朵再也沒有被凍傷過。

後來，老百姓便學著嬌耳的樣子製作出餃子。

這個創意
不錯！

等到張仲景去世後，老百姓為了紀念他，便選擇在每年的冬至吃餃子。於是，在冬至吃餃子便漸漸成為一種習俗。

冬至不端餃子碗，
凍掉耳朵沒人管！

武聖關羽

武功再高，也怕青龍偃月刀

中國歷史上，忠肝義膽之士數不勝數，但有資格被尊稱為武聖的卻只有一位，就是三國時期號稱「萬人敵」的關羽。

我手提青龍偃月刀，任誰也挨不過我三招！

　　關羽的故事在民間多如牛毛，想必大夥都聽得耳朵長繭了。不過，這些故事真真假假，難以分辨。
　　接下來，我們先看看你知不知道這些關羽的假歷史。

本尊要親自下場闢謠！

假歷史一：桃園結義

　　桃園結義說的是志同道合的劉備、關羽、張飛三人為了幹一番事業，曾在桃園裡拜把子。

我們三人，雖然異姓，既結為兄弟，不求同年同月同日生，只願同年同月同日死。皇天后土，實鑑此心。背義忘恩，天人共戮！

你是不是一直以為他們三人是結拜兄弟？事實上，他們從來沒有結拜過。「桃園結義」是明代小說家羅貫中在《三國演義》虛構的。

　　儘管三人從未結拜，但不可否認的是，他們的確親如兄弟，不管睡覺還是吃喝拉撒，幾乎都在一起。

假歷史二：溫酒斬華雄

東漢末年，宦官專權十分嚴重。為了除掉這幫宦官，官二代袁紹等人密詔董卓帶兵進京殺宦官，豈料董卓一進京便控制了朝廷。

董卓亂政，袁紹、曹操等十八路諸侯實在看不下去了，便組團討伐董卓。然而，由於董卓手下的大將華雄太厲害，聯軍的數員大將接連被華雄斬殺。

就在大夥都被嚇破膽時，關羽卻主動請纓迎戰華雄。曹操十分敬佩關羽，便敬了關羽一杯剛溫好的熱酒。

來，這位英雄好漢，我曹某人敬你一杯！

還是等我回來再喝吧！

讓諸侯們吃驚的是，酒還沒有冷卻，關羽便提著華雄的人頭回來了，這就是「溫酒斬華雄」的故事。

事實上，這也是《三國演義》虛構的，真正斬殺華雄的是孫權的爸爸孫堅。

《三國演義》為了吹捧你，真是連節操都不要了！

哎呀！我怎麼能和一部小說計較呢！

假歷史三：過五關、斬六將

　　曹操挾天子以令諸侯期間，曹操發兵攻打劉備，不但打跑劉備，還活捉了關羽。

　　曹操非常器重關羽，還封他做偏將軍。

不久，早已成為「諸侯一哥」的袁紹，擔心曹操日後做大做強和自己爭奪天下，便率領大軍攻打曹操。

其間，袁紹曾派大將顏良等人帶兵進攻白馬。曹操連忙派關羽、張遼為先鋒前去救援。

兩軍交戰期間，關羽在千軍萬馬之中斬殺了顏良。

顏良死後，白馬之圍很快便解除。曹操很高興，立刻上表請求封關羽為漢壽亭侯。

恭喜你升官了！

還要感謝長官栽培！

此前，曹操擔心關羽不會一直為他打工，便派張遼前去試探。關羽對張遼直言不諱地說——

曹公聽了一定會傷心的！

我知道曹公對我不錯，但我發誓與劉備同生共死，怎麼能背叛他呢？我會等到報答完曹公的知遇之恩後再離開！

張遼如實相告，曹操不但沒有責備關羽，反而認為他十分忠義。

　　等關羽斬殺了顏良，曹操知道關羽一定會離開，為了盡可能地挽留他，曹操賞了他很多金銀珠寶。

　　然而，關羽卻將所有的賞賜封存起來，然後寫下一封告辭信，便去追尋劉備了。

據說，為了順利離開，關羽一連過了曹操五個關卡，且斬殺曹操六員大將，這就是「過五關、斬六將」的故事。

其實，這也是《三國演義》虛構的。

曹操對我那麼好，我要是殺他的人，豈不是忘恩負義？

嗨！還不是為了烘托你要追尋劉備的決心嘛！

真實的歷史是，曹操聽說關羽走後並沒有攔他。曹操手下人倒是想去追擊，不過被曹操制止了。所以，關羽壓根沒有必要「過五關、斬六將」。

你走，我不攔你！你來，我熱烈歡迎！

世人都說你是奸雄，在我看來，你是個大英雄！

闢謠了幾件關羽沒有做過的事，接下來我們再說說關羽實實在在做過的事。

一、討要美女

　　你是不是以為關羽是一個十分高冷且對異性不感興趣的「佛系男神」？恰恰相反，關羽一見美女就流口水。

江山多嬌人多情，
自古美女配英雄！

為曹操打工期間，關羽曾奉曹操之命攻打呂布。其間，關羽卻愛上了呂布部將的老婆杜氏。

名花有主，
我來鬆土！

　　為了抱得美人歸，關羽便懇求曹操，滅掉呂布後，將杜氏賞給他。
　　儘管曹操答應了，但他仍不放心，還三番五次懇求曹操。

打勾勾，說謊的
人要吞一千根針
喔！

曹操是個花心大蘿蔔，他懷疑杜氏顏值逆天，便惦記上了她。等到打敗呂布後，他親自接見杜氏。這一看不得了，他也愛上了杜氏。

隨後，曹操把對關羽的承諾拋到九霄雲外，然後把杜氏娶回家，結果搞得關羽白忙一場。

二、PK 馬超

　　有一次，有個叫馬超的人來投奔劉備。關羽不認識馬超，便寫信問軍師諸葛亮，馬超的才能可以和誰相比。

　　諸葛亮知道他心高氣傲，便拍馬屁說——

> 馬超文武兼備，勇猛過人，是當世豪傑，和張飛有一拚，但遠遠比不上你美髯公！

> 還是軍師會說話！

小知識

　　諸葛亮為什麼叫關羽美髯公呢？因為關羽的鬍鬚非常漂亮，諸葛亮想討他開心，所以平時就叫他「美髯公」。

諸葛亮的馬屁讓關羽十分受用，關羽逢人便將諸葛亮的信拿給他們看。

軍師的字寫得太漂亮了，大家都來看看啊！

666

你這是醉翁之意不在酒啊！

三、刮骨療傷

關羽的左臂曾被毒箭射傷，一到陰雨天就疼痛。醫生說，想要治癒，需要動手術。

毒素已深入骨髓，必須刮去骨頭上的毒素才能痊癒！

我有健保可以報銷，你儘管動手術！

現在動手術還可以做個全身麻醉或局部麻醉，當時可沒有這種醫療條件。醫生只能直接用手術刀切開關羽的皮膚，刮掉骨頭上的毒素。

我要下刀了，你忍著點！

這點痛不算什麼！

關羽一邊讓醫生為他做手術，一邊和將士們盡情喝酒。儘管他手臂上鮮血淋漓，但依然談笑自若。

要不是怕你們見不了血，我就給你們來個現場直播！

四、水淹七軍

有一年，關羽圍攻樊城。曹操派大將于禁率領七路大軍前去救援。

于禁出發前沒看天氣預報，結果天天下雨，河水暴漲，以致七路大軍被淹成了浮游生物。

關羽趁機乘坐戰船發起進攻，結果打得于禁投降，關羽因此威震華夏。

還有誰想嘗嘗我的青龍偃月刀？

五、大意失荊州

關羽大敗于禁，嚇得曹操幾度想要遷都。

就在這時，曹操的謀士司馬懿等人建議慫恿孫權，讓他偷襲關羽，樊城之圍自會解除。

只要孫權肯結盟，擺平關羽准能成！

話說，孫權和劉備本來是盟友，還一起在赤壁之戰中大敗曹操，此時孫權會答應和曹操結盟嗎？會！為何呢？有兩個原因：第一，曹操答應將江南之地封給孫權；第二，孫權和關羽有仇。

小知識

　　孫權和關羽有什麼仇呢？原來，關羽一向瞧不起孫權。有一次，孫權為自己的兒子向關羽的女兒求婚，結果關羽將孫權大罵一頓。這下把孫權氣得半死，兩人從此結下梁子。

虎女焉能嫁犬子！

過分了！

為了對付關羽，孫權和大將軍呂蒙決定給關羽設下圈套。

小知識

關羽之所以不敢調集荊州的所有兵力去圍攻樊城，是因為擔心呂蒙在背後作怪。為了騙關羽將留守荊州的士兵也調往前線，呂蒙先假裝病重，然後讓孫權大張旗鼓地將他召回去治病。關羽見呂蒙離開，果然上了當。

見關羽上當後，呂蒙悄悄率領精銳士兵一舉拿下荊州。

好想知道關羽聽
說荊州丟失後的
表情！

一定會嚇掉
下巴！

身在前線的關羽無法攻破樊城，就在他準備撤軍時，聽到孫權已經占領荊州的消息，這就是「大意失荊州」的故事。

你們不講武德！

關羽手下的小弟見老婆、孩子都被孫權俘虜了，紛紛逃散，搞得關羽幾乎成為光桿司令。孫權趁機派人追擊關羽，並成功斬殺關羽和他的兒子關平。

這就是目中無人的下場！

關羽死後，由於他忠義的形象十分深入人心，後來漸漸成為忠義的化身，並被尊稱為「武聖」。當然，也有人尊稱他為「武財神」。

拜關公，不但驅邪保平安，還可以財源廣進！

7

書聖王羲之

《蘭亭集序》一出，誰與爭鋒

書法是中國獨有的一種富有美感的藝術作品，堪稱無言的詩、無形的舞、無圖的畫、無聲的樂。

你知道中國歷史上，誰的書法最受追捧嗎？毫無疑問就是「書聖」王羲之。

王羲之出生於東晉豪門——琅琊王氏。琅琊王氏的地位在當時究竟有多高呢？社會上曾流傳著這樣一句話：王與馬，共天下。意思是說，琅琊王氏與皇室司馬氏共享天下。

這天下是司馬氏的，也是我們琅琊王氏的！

為何會出現「王與馬，共天下」的局面呢？因為東晉開國皇帝晉元帝能建立東晉，全靠琅琊王氏的王導、王敦兩兄弟支持。晉元帝稱帝後，朝政大權掌握在王導手中，兵權掌握在王敦手中，所以才會出現這種局面。

要是沒有我們琅琊王氏，歷史上有沒有東晉還不好說！

王羲之是王導、王敦的堂侄，且深受兩人的喜愛。

　　你是不是以為像王羲之這麼優秀的人打小就是個天才？恰恰相反，他小時候是個悶葫蘆，十分木訥，壓根看不出有任何天賦。

然而到了十三歲時，王羲之像被打通任督二脈似的，突然變得十分聰明。

當時，文人雅士去飯店必點的一道菜餚名叫牛心炙。

有一次，文化界名流聚餐。大夥還沒有動筷子，大名士周顗因為欣賞王羲之，便先割一塊牛肉給他吃。

這事很快便上了頭條，王羲之因此名聲大噪。

能讓大名士親自割牛肉的人，是真的厲害！

小知識

說起周顗，大家可能不熟悉，但說到「我不殺伯仁，伯仁卻因我而死」這個典故，想必大家都不陌生，而這裡說的「伯仁」就是指周顗，因為「伯仁」是他的字。這個典故和王羲之的堂伯王導、王敦有關。有一年，王敦造反了。造反是滅族之罪，王導三番五次懇求周顗為琅琊王氏向晉元帝求情，但周顗並未理睬。後來，周顗落入王敦手中，王敦便問王導要不要殺周顗。王導心中記恨周顗，所以沒吭聲，王敦便將周顗殺了。過了很久，王導才得知周顗曾多次替琅琊王氏求情，便十分悲痛地說：「我不殺伯仁，伯仁卻因我而死！」

幾年後，太尉郗鑒派門生向王導提親。當時，王氏子弟都住在東廂房，王導便讓這位門生到東廂房隨便挑。

我們王氏子弟各個基因好，顏值高，你自己看著挑！

那我就不客氣了！

王氏子弟聽說太尉要挑選女婿，一個個恨不得把自己打扮成潘安、宋玉那樣的美男，只有王羲之毫不在意地坐在東邊的床上，露著肚皮吃東西。

人世間，唯有美食不可以辜負！

一看就是個吃貨！

門生回去後，把在王家的所見所聞對郗鑒說了一遍。當門生說到坐在東邊床上吃東西的年輕人時，郗鑒激動地說 ——

郗鑒一打聽，那個年輕人竟然是王羲之，二話不說就把女兒嫁給他，這就是「東床快婿」的故事。

王羲之一生有兩大愛好：一是書法，二是養鵝。他還有一大厭惡，就是當官。

　　接下來，我們就看一看王羲之的好惡。

一、書法

　　王羲之對書法十分痴迷，據說，他曾效仿東漢書法家張芝臨池學書，導致池子裡的水都變黑了。

向張芝學習！

王羲之雖然也會寫草書、楷書、行書等字體，但最擅長寫隸書。有人曾稱讚他的書法飄若浮雲、矯若驚龍。

高考寫作文時，如果字能寫成這樣，肯定加分！

王羲之最出名的書法作品想必大家都聽說過，就是他在會稽郡山陰縣的蘭亭與謝安等名士聚會時寫下的《蘭亭集序》。

小知識

《蘭亭集序》被譽為「天下第一行書」，共計二十八行，三百二十四個字。《蘭亭集序》為王羲之圈粉無數，其中包括唐太宗。據說，唐太宗死後曾將《蘭亭集序》的真跡與他一同葬入昭陵。目前，大家能看到的《蘭亭集序》都是臨摹本。

《蘭亭集序》一出，誰與爭鋒！

知道當時的人有多喜歡王羲之的書法嗎？我們舉兩個例子。有一次，王羲之到一位門生家串門，看見他家的几案十分光滑，便在上面寫了幾行字。門生看後，驚喜萬分，一直都捨不得擦掉。

這几案今後就是我們家的傳家寶了！

　　可惜門生的爸爸是個不識貨的人，居然把几案上的字給刮掉了。門生知道後，一連心疼了好幾天。

幸福來得快，走得也快！

還有一次，王羲之看到一位老太太在山上賣扇子，但半天都賣不出去一把。王羲之看著著急，便在她每把扇子上寫下五個字。王羲之此舉把老太太氣壞了，老太太剛要罵街，王羲之連忙解釋說──

妳就說扇子上的字是王羲之寫的，保證讓妳賣個好價錢！

老太太按照王羲之的說法去做，果然很快便賣完了，且賣了很多錢。更讓人忍俊不禁的是，沒過幾天這位老太太又拿著扇子去找王羲之為她寫字。

二、養鵝

你能想像一個大書法家竟然喜歡養鵝嗎？

愛好不分
高低貴賤！

　　會稽有一位老太太養了一隻鵝，在王羲之看來，牠「呱呱呱」的叫聲猶如天籟。王羲之想買下卻沒有買到，便帶著親朋好友去觀看。

今天，我要帶你們
去看一樣寶貝！

那敢情好！

老太太聽說王羲之要來家中作客，便把鵝給宰了，然後拿去款待王羲之。當王羲之看到老太太把鵝端上桌時，眼淚差點掉下來。

還有一次，有個道士養了一群鵝，王羲之前去參觀，非常喜歡，想買下，但道士不肯賣。不過，他提了一個要求。

王羲之欣然提筆抄寫一份《道德經》，然後高高興興地帶著鵝回家了。

三、當官

　　王羲之一生最厭惡的事莫過於當官，可偏偏他生在官宦之家，不得不當官。

人生而自由，卻無往不在枷鎖之中！

　　官員誰不希望升官發財呢？但王羲之是個例外。雖然很多人都想提拔他，卻屢屢被他拒絕。

有什麼想不開的，竟然拒絕升官發財！

沒什麼想不開的，就是不好這一口！

直到很多年後，王羲之才如願以償地辭官歸隱。辭官後，他每天過得十分瀟灑，不是遊山玩水，就是研究丹藥。

這才叫生活，你們那叫生存！

五十九歲那年，王羲之走完了他的一生。臨終前，他似乎猜到朝廷會在他死後追封他，特地囑咐家人不要接受。

果然，他一去世，朝廷便追封他為金紫光祿大夫。家人遵從他的遺願，替他推辭了。

這是對當官得有多厭惡啊！

超乎你的想像！

8

草聖張旭

字如其人，人亦如字

唐代有「三絕」，分別是「詩仙」李白的詩、「劍聖」裴旻的劍舞，以及我們今天要講的「草聖」張旭的草書。

我李白繡口一吐，便是半個盛唐！

我裴旻的劍舞堪稱古今一絕！

我張旭的草書至今無人超越！

我們不禁要問：張旭是如何練得一手好草書的？

張旭曾擔任常熟縣尉，所謂「縣尉」，相當於今天的縣市警察局局長。其間，有位老大爺拿著狀紙到縣衙告狀，張旭很快便在狀紙上做出批示。

然而，沒過幾天，老大爺卻拿雞毛蒜皮的事再次來找張旭告狀。

> 屁大點的事也來告狀，你當衙門是為你家開的啊？

張旭很生氣，便把老大爺責備一番，老大爺卻眉開眼笑地解釋道──

> 你很識貨嘛！

> 我見你的字寫得十分精妙，所以前來告狀，就是為了讓你在狀紙上寫下批示，我好拿回去收藏！

張旭聽說老大爺喜歡收藏書法作品，於是來了興致，便和老大爺閒聊。

這個好說！

你都收藏了什麼寶貝？也讓我開開眼界！

很快，老大爺便拿出他父親的書法作品給張旭看。張旭看後，大為喜歡。經過一番學習研究，張旭盡得其書法的精髓。

必須一百八十度鞠躬感謝！

你這是要折煞老朽啊！

僅學得他人書法的精髓還不足以讓張旭成為草聖，所以他還要感謝兩個人：一個是公主，另一個是「大唐第一舞娘」公孫大娘。

感謝天，感謝地，感謝妳們給予了我啟發！

有一天，有位公主乘坐跑車外出兜風，還帶了一支儀仗隊，場面搞得十分氣派。

場面前呼後擁，鑼鼓喧天，鞭炮齊鳴，紅旗招展！

然而，當公主的隊伍走到一條小路時，卻碰到一位不願意讓路給公主的挑夫。公主當然也不願意讓路給挑夫，於是兩撥人就爭執起來。

就憑我是楞頭青！

這天下都是我們家的，更別說這條小路了，你憑什麼不給本公主讓路？

這事恰巧讓張旭撞見，他像吃瓜群眾一樣看熱鬧時，又聽到儀仗隊敲鑼打鼓的聲音，忽然間就領悟到書法的精義。

這才是吃瓜群眾應該有的境界！

有一次，公孫大娘在一家大劇院進行商業演出，張旭買票前去參觀。

小知識

　　公孫大娘的舞蹈在當時驚豔天下，最擅長的是劍舞，和「劍聖」裴旻的劍舞有一拚。唐玄宗曾多次召她進宮演出，就連「詩聖」杜甫、「畫聖」吳道子都是她的鐵粉。

也恰恰是在這場演出中，張旭從公孫大娘的劍舞中突然悟到書法的神韻。

處處留心
皆學問！

吸取他人書法作品精髓的同時，再加上自己的領悟，張旭終於寫出世間無人能及的草書，也因此收穫「草聖」的美名。

誰要是能超越
我的草書，我
把草聖的頭銜
讓給他！

張旭有個臭毛病，特別喜歡喝酒，他還與李白、「詩狂」賀知章等人被譽為「飲中八仙」。

人在江湖走，
哪能不喝酒！

人在江湖飄，
哪能不喝高！

張旭每次喝酒必定大醉，喝醉後，還總愛發酒瘋，不是暴走，就是大吼大叫。更奇葩的是，他有時候竟然用頭蘸墨水寫字。

酒醒後，他看著自己寫下的字，還以為是神仙的傑作呢！更奇怪的是，在他清醒時，卻怎樣都寫不出這麼好的字。

就是因為他個性顛狂，所以大家給他取了個綽號叫「張顛」。

哈哈，字如其人，人亦如字！

張旭的草書剛圓遒勁，奇偉狂放。另一位唐代大書法家懷素的草書靈動飄逸，變化萬千。兩人都是草書史上難以超越的大咖，因此被合稱為「顛張醉素」。

如果我倆炒 CP，一定夯！

那必須的！

張旭去世後，他的筆法沒有因此而失傳，因為他將筆法傳給兩個徒弟，其中就包括被譽為「楷書四大家」之一的顏真卿。

能教出這麼優秀的徒弟，我死而無憾了！

9

畫聖吳道子

無敵是多麼寂寞

唐代有一個全能畫家，不管是畫人物、佛像、神鬼、禽獸，還是畫山水、臺殿、草木，都沒有人能超越他，他就是「畫聖」吳道子。

據說，吳道子年少時曾跟隨「草聖」張旭、「詩狂」賀知章學過書法，但沒有學成。他見自己不是學書法的料，便換了個專業，專攻繪畫。

人人生來是神童，
選錯專業毀一生！

在繪畫方面，吳道子十分有天賦，不到二十歲便掌握繪畫的精髓。

你真棒！如果有
人比你棒，我就
假裝沒看見！

有人甚至認為吳道子是南北朝時期大畫家張僧繇轉世。

小知識

大家可能對張僧繇不熟悉，不過相信大家都聽說過「畫龍點睛」這個成語，而這個成語的男主角就是張僧繇。故事是這樣的：張僧繇曾在金陵的安樂寺畫了四條龍，栩栩如生，但唯一的遺憾是沒有畫眼睛。大夥見了無不嘆息，便懇請張僧繇把眼睛點上。張僧繇卻說，點上眼睛，龍就會飛走。大夥認為他在吹牛，張僧繇只好拿出畫筆為其中兩條龍點上眼睛。突然，天空風雨交加，電閃雷鳴，兩條巨龍騰雲駕霧而去。

有一年，「劍聖」裴旻的母親去世了，裴旻便花重金邀請吳道子到天宮寺作畫，為他母親超度亡靈。吳道子分文未取，並對裴旻說——

很早就聽說裴將軍的劍舞十分了得，煩請裴將軍為我表演一番，全當報酬了！再說了，看你舞劍，還有助於激發我繪畫的靈感！

沒問題！

於是，裴旻脫下孝服，拿起寶劍舞動起來。裴旻的劍法出神入化，吃瓜群眾各個看得目瞪口呆。

什麼都不說了，鼓掌！

看完裴旻的劍舞，吳道子頓時來了靈感，猶如神助，頃刻之間便畫好了。

這速度，這畫功，實在是絕了！

有一次，唐玄宗到洛陽旅遊，結果被吳道子圈粉，於是便任命他為內教博士，讓他在宮中作畫。

今後，你就是我的御用畫師了！

榮幸之至！

後來，唐玄宗突然想起嘉陵江的美景，由於國事繁忙無法親自前去欣賞，便派吳道子奔赴嘉陵江，將那裡的美景畫下來。

就麻煩大畫家走一趟嘍！

保證畫的比照相機拍的還美！

不料吳道子在嘉陵江公費遊玩好多天後，卻空手而回，當唐玄宗找他要畫時，他卻說──

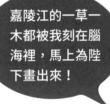

嘉陵江的一草一木都被我刻在腦海裡，馬上為陛下畫出來！

我很期待唷！

唐玄宗命吳道子在大同殿上作畫的同時，還讓另一位擅長山水畫的大畫家李思訓與吳道子比賽看誰先畫完。

　　吳道子一天便畫完了，而李思訓卻足足花了好幾個月才完成。

吳道子雖然是個全能畫手，但最擅長的卻是佛教和道教的人物。他為長安、洛陽的寺院和道觀畫過的壁畫竟然高達三百多幅。

能者多勞嘛！

佛教是從印度傳過來的，所以起初很多佛教人物的外貌不像中國人。不過，這些佛教人物在吳道子的畫筆下卻改頭換面，變得極具中華威儀。

一個優秀的畫家往往能把外來的變成本土的！

吳道子的畫在當時影響非常大，不僅可以拿來欣賞，還具有震懾作用，使人向善。

　　有一年，吳道子畫了一幅《地獄變相圖》，講述了因果報應，嚇得很多以屠狗、捕魚為業的人紛紛改行。

吳道子晚年時，大唐發生一場致使國家由盛轉衰的戰亂
──安史之亂。

　　有人說，吳道子曾追隨唐玄宗逃往四川避難，也有人說他
並未前往四川，甚至還有人說他是奉唐玄宗之命前往四川作畫
的途中不幸感染瘟疫去世的。

茶聖陸羽

好事不怕細論，好茶不怕細品

中國人特別喜歡喝茶，尤其是古代的中國人。如果有人來家裡作客，主人做的第一件事往往就是為客人上茶。

怎樣喝茶可是一門大學問！你知道這門學問是由誰發揚光大的呢？就是出生於唐代的「茶聖」陸羽。

說起來，陸羽打小就是個苦命人，三歲時便被家人遺棄。

由於被家人拋棄時，陸羽還不懂事，所以他一生都不知道自己的爹娘是誰。

小知識

既然陸羽不知道親爹、親娘是誰，那麼他的姓與名是怎麼來的呢？據說是他長大後自己取的。當時，他用《周易》替自己算了一卦，卦辭上說「鴻漸於陸，其羽可用為儀」。意思是說，鴻雁漸漸飛到陸地上，牠的羽毛可以用來製作裝飾品。這是吉兆，所以他便用卦辭中的「陸」字為姓、「羽」字為名。

幸運的是，陸羽碰到了好心的大和尚積公，被他帶回寺院收養。

　　在寺院裡，積公非常溺愛陸羽，還教他識文斷字。
　　九歲時，陸羽已經開始學習寫文章了。這時，積公有意只讓他閱讀佛經一類的書籍。

然而，讓積公意想不到的是，陸羽偏偏不喜歡讀佛經，唯獨喜歡讀儒家經典。為此，他還曾說過一番讓積公很失望的話。

我既沒有兄弟，也沒有後代，卻穿僧衣，剃光頭，做了和尚，如果讓儒生聽到，他們會說我不孝的！能否讓我學習孔聖人的文章？

你雖然想當孝子，卻壓根不懂西方佛門的道理，裡面的學問可大著呢！

積公堅持讓陸羽學習佛經，而陸羽卻十分倔強，堅持要學儒家經典。

　　就因為這事，積公從此不再溺愛陸羽。

　　為了逼迫陸羽妥協，積公把寺院裡的髒活、累活統統交給陸羽做，例如讓他打掃寺院，清潔廁所，塗牆壁，蓋房子，放牛。

儘管每一分每一秒都被安排得很滿，但陸羽依然不忘擠出時間去學習。

我心中只有學習！

我每晚想學習想得睡不著覺！

　　由於寺院裡沒有紙張，陸羽為了練字，經常拿著竹子在牛背上一筆一畫地寫來寫去。

古有李密牛角掛書，今有我牛背練字！

有一年，陸羽從一位書生那裡要來「科聖」張衡的一篇文章，名叫〈南都賦〉。儘管陸羽不認識裡面的字，卻愛不釋手，還裝模作樣地讀起來。

字可以不認識，但朗讀的姿勢一定要帥！

這事讓積公知道了，他擔心陸羽遭到佛經以外的書毒害，在佛教的道路上愈走愈遠，便讓他在寺院裡修剪草木，還派師兄看管他。

要學會聽話，不然你會受皮肉之苦！

有一次，陸羽在幹活期間卻默記起文章來，看上去像個魂不守舍的木頭人。師兄以為他在偷懶，便拿鞭子抽他。陸羽嘆息道——

我只是擔心歲月流逝，不能理解書中的含義罷了！

我看你就是不服氣！

師兄誤以為陸羽對他懷恨在心，便拿鞭子繼續狠狠地抽打他，直到把鞭子打斷為止。

今天就饒你一次，下次保證打得你生活不能自理！

陸羽無法忍受這種非人的生活，於是悄悄逃出寺院，跑進戲班子裡。

我這輩子就是死在外面，也不再回去當和尚！

積公聽說陸羽躲在戲班子裡，非常傷心，便親自去勸陸羽回去，並向他承諾，只要他肯回去，可以順從他的意願，想幹嘛就幹嘛。

阿彌陀佛，苦海無涯，回頭是岸！

陸羽有沒有跟隨把他撫養長大的積公回去呢？當然沒有！

我不是當和尚的料，你還是放過我吧！養育之恩，我來生再報！

好吧！你什麼時候想回去了，寺院的大門永遠為你敞開！

你可能不會想到，陸羽竟然是個醜男！他長得和東漢「建安七子」中的王粲、西晉的大文豪張載有一拚。他說話還結巴，和西漢的大才子司馬相如、揚雄有得拚。

你長得真有創意，活得真有勇氣！

不過，在戲班子裡，這些缺點恰恰成為陸羽的優點，因為這些缺點更容易讓他演活一個丑角。與此同時，他還擅長寫段子。

　　每次上臺演出，他滑稽的外表加上幽默的段子，常常逗得觀眾捧腹大笑，也讓他在當地圈粉無數。

你很適合
當諧星！

這還要感謝
老天賞飯！

後來，陸羽離開戲班子，隱居在浙江湖州。他在那裡建造了一座茅草屋，整天閉門不出，埋頭讀書。

書是人類進步的階梯，是培植智慧的源泉，是造就靈魂的工具！

他偶爾會約和尚、隱士到家中聊天、品茶。有時候，還經常一個人遊山玩水。

做人最重要的是開心！

一個人在山野中遊蕩時，陸羽喜歡朗誦佛經，吟詠古詩，撥弄流水……直到玩盡興了，然後號啕大哭一番才回去。

　　當地人都認為他是個奇葩，還說他是「現代版的狂人接輿」。

這個奇葩有點狂！

　　儘管陸羽隱居在浙江，但名氣卻傳到京城。皇帝曾召他去京城做官，但他死活不去。

無官一身輕！

我成全你！

正是在隱居期間，嗜好飲茶的陸羽寫下中國歷史上第一部關於茶的著作《茶經》，因此被稱為「茶聖」。

《茶經》一經問世，立刻在全國掀起一場飲茶之風，使得愈來愈多人愛上飲茶。

　　陸羽死後，那些販賣茶葉的商人還將他的雕像供奉起來，並將「茶神」的名號也一併送給他。

11

藥聖李時珍

話不能亂說，藥不能亂吃

如果能穿越時空，將「醫聖」張仲景、「神醫」華佗、「藥王」孫思邈等名醫召集到一起，為他們舉辦一場「中藥材識別大賽」，有一個人能穩穩地奪冠。這個人就是「藥聖」李時珍，因為他能一口氣識別一千八百九十二種中藥材。

李時珍之所以能成為藥聖，和他的家庭有很大關係，因為他出生於醫藥世家，祖父和父親都是名醫。

龍生龍，鳳生鳳，醫生的兒子會看病！

　　恐怕很多人想不到，李時珍打小就體弱多病。

有病就吃藥吧！反正自家的藥材燉著吃，爛著吃，烤著吃……想怎麼吃就怎麼吃！

李時珍五歲那年，當地知府用生命為他上了一課。

知府自認為精通醫術，便在生病時替自己配了一帖藥，結果服下之後全身麻痺，不治身亡。

話不能亂說，藥不能亂吃！

隨著年齡增長，李時珍更加堅定地想成為一名救死扶傷的白衣天使。

不願做良相，只願做良醫！

在明代，醫生的地位非常低，大多過得十分艱辛。父親為了讓李時珍擁有一個美好前程，便強迫他去考取功名。

然而父命難違，李時珍終究還是向父親妥協了。

不過，他一連參加三次鄉試都沒有考中，促使他下定決心放棄科舉，選擇做一名醫生。

你還別說，李時珍天生就是吃醫生這碗飯的人，所以正式坐診沒多久，就因為治好富順王的兒子而紅了一把。

李時珍走紅後，變得非常搶手，達官顯貴都爭相聘請他當自己的私人醫生。不過，只有楚王幸運地聘請到了。

有一次，楚王的世子突然昏厥，可把楚王嚇壞了。多虧李時珍及時救治，才救了世子一命。

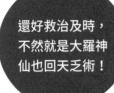
還好救治及時，不然就是大羅神仙也回天乏術！

為了報答李時珍，王妃賞給他很多金銀珠寶，但他並未接受。楚王只好很不捨地將李時珍推薦到太醫院，李時珍從此成為一名御醫。

李醫生，我為你祝福，願你有一個燦爛的前程！

不求大富大貴，但求平安順遂！

在太醫院工作期間，李時珍有機會翻閱很多皇家珍藏的醫書，豐富自己的醫學知識。

陽光暖人身，
書香沁人心！

然而讓很多人吃驚的是，沒過幾年，李時珍便辭掉御醫這個讓無數醫生羨慕的鐵飯碗。

話說，李時珍為何要辭職呢？因為他不想只為皇家服務。

御醫只能服務帝王家，良醫應當服務千萬家！

辭職後，李時珍回到湖北老家行醫救人。他在老家圈粉無數，且時常為窮苦的百姓免費治療。

德「醫」雙馨，
妙手回春！

有一年，李時珍發現一本專門記載中藥材的醫書，名叫《本草》。從神農氏到明代，儘管有很多醫生對它進行過注解，但依然紕漏百出。

書是好書，
就是有瑕疵！

思來想去，李時珍決定重新編寫一本更完美的《本草》。

為了編好《本草》，李時珍多次到全國各地考察，並向農民、樵夫、藥農等人請教各種藥材的藥性。為了弄清一些藥材的藥性，他甚至效仿神農嘗百草以身試藥。

所有的付出終將得到回報！

李時珍花了整整三十年終於編好《本草》，並為它取了新名字──《本草綱目》。

這三十年間，李時珍查閱了八百多種書籍，三易其稿，刪改《本草》中多處錯誤，並新增三百七十四種藥材，才完成對中國藥物學發展發揮重大作用的《本草綱目》。《本草綱目》分為十六部、六十類，共記載了一千八百九十二種藥材。

世上無難事，
只怕有心人！

《本草綱目》剛完成不久，李時珍還沒來得及將它獻給朝廷，便去世了。

不久，李時珍的兒子趁皇帝下詔編修國史，並收購各地的書籍之際，將《本草綱目》獻給朝廷。皇帝看後，讚不絕口，便命人大肆印刷，然後在全國發行。

這麼好的東西，當然要讓更多人看到！

一時間，《本草綱目》紅遍全國。可以毫不誇張地說，當時所有官員的家中，基本上都有一套《本草綱目》。

後來，《本草綱目》又被翻譯成英、法、德、日、俄等多種語言，在世界各地圈粉無數。

HISTORY 系列 091

聖人養成記：歷代賢哲的超群絕倫

作　　者 — 韓明輝
主　　編 — 邱憶伶
責任編輯 — 陳映儒
行銷企畫 — 林欣梅
封面設計 — 兒日
內頁設計 — 張靜怡

編輯總監 — 蘇清霖
董 事 長 — 趙政岷
出 版 者 — 時報文化出版企業股份有限公司
　　　　　　108019 臺北市和平西路三段 240 號 3 樓
　　　　　　發行專線 — (02) 2306-6842
　　　　　　讀者服務專線 — 0800-231-705・(02) 2304-7103
　　　　　　讀者服務傳真 — (02) 2304-6858
　　　　　　郵撥 — 19344724 時報文化出版公司
　　　　　　信箱 — 10899 臺北華江橋郵局第 99 信箱
時報悅讀網 — http://www.readingtimes.com.tw
電子郵件信箱 — newstudy@readingtimes.com.tw
時報出版愛讀者粉絲團 — https://www.facebook.com/readingtimes.2
法律顧問 — 理律法律事務所　陳長文律師、李念祖律師
印　　刷 — 勁達印刷有限公司
初版一刷 — 2022 年 5 月 13 日
初版六刷 — 2023 年 5 月 19 日
定　　價 — 新臺幣 360 元
（缺頁或破損的書，請寄回更換）

時報文化出版公司成立於 1975 年，
1999 年股票上櫃公開發行，2008 年脫離中時集團非屬旺中，
以「尊重智慧與創意的文化事業」為信念。

聖人養成記：歷代賢哲的超群絕倫／韓明輝著.
-- 初版 . -- 臺北市：時報文化出版企業股份有
限公司 , 2022.05
240 面；14.8×21 公分 . --（History 系列；91）
ISBN 978-626-335-276-6（平裝）

1. CST：傳記　2. CST：中國

782.1　　　　　　　　　　　111004722

ISBN 978-626-335-276-6
Printed in Taiwan